Susurros de Sabiduría

CUENTOS PARA DORMIR DE LA BIBLIA

LIBRO Gratis

¡Desbloquea tu Libro de Bonificación Gratis!

Como un sincero agradecimiento por elegir nuestro libro, estamos encantados de ofrecerte un libro GRATIS.

Índice de Contenidos

Introducción

En las tranquilas horas del crepúsculo, cuando el mundo está en calma y en silencio, las historias cobran vida. Son las historias que han dado forma a generaciones, moldeado naciones y proporcionado alimento espiritual a innumerables almas a lo largo de milenios. Son las narrativas de hombres y mujeres ordinarios que caminaron a través de tiempos extraordinarios, que navegaron desafíos con fortaleza y celebraron victorias con humildad. Este libro, "Susurros de Sabiduría: Cuentos para Dormir de la Biblia," es una colección única de esas historias atemporales.

Este libro es un viaje al corazón de la sabiduría bíblica, trayendo a la vida las historias de la Biblia de una manera nueva y atractiva. Son cuentos que trascienden el tiempo y el lugar, portando verdades universales que hablan a cada uno de nosotros, sin importar nuestra edad o de dónde venimos. Son historias que nos enseñan sobre el valor y la bondad, sobre el significado de la amistad y el poder de la fe, sobre el perdón, la confianza y el amor sin límites de Dios.

Desde el joven pastor David, que derrotó al gigante Goliat, hasta la sabiduría del Rey Salomón, desde la lealtad de Rut hasta el coraje de la Reina Ester, cada historia en esta colección sirve como un conducto de verdades morales y espirituales. "Susurros de Sabiduría" te lleva a través de la gran aventura de Noé, la amistad milagrosa de Daniel con los leones y el conmovedor cuento del Hijo Pródigo. Comparte las impresionantes historias de alimentaciones y sanaciones milagrosas, y cuentos de amor sin fin, como la Parábola de la Moneda Perdida.

Cada historia en este libro tiene como objetivo evocar reflexión y contemplación, proporcionando una comprensión más profunda de los poderosos mensajes inherentes en las escrituras. Son historias que pueden ser compartidas a la hora de dormir, encendiendo la luz de la fe, la alegría de la esperanza y el calor del amor.

A través de la magia de las palabras, te invitamos a crear tus propias imágenes vívidas, a imaginar la grandeza del Arca de Noé, el valor en los ojos de Daniel o la sorpresa en el rostro de Zaqueo cuando Jesús lo llama. Esto permite una conexión más profunda y personal con los cuentos, una que va más allá de la superficie, llegando al alma.

"Susurros de Sabiduría: Cuentos para Dormir de la Biblia" no es solo una colección de cuentos, es un cofre del tesoro de lecciones para la vida, envuelto en la cálida y reconfortante manta de los cuentos para dormir. Al leerlos, susurrando palabras de sabiduría en la noche, transmites el legado más grande de todos: las historias perdurables de fe, esperanza, amor y humanidad.

Esperamos que este libro encuentre un lugar preciado en tu hogar, acercándote a ti y a tus seres queridos a la sabiduría eterna de la Biblia e iniciando conversaciones que resuenan con las profundas lecciones que estas historias tienen para ofrecer.

Así que aquí te invitamos, a adentrarte en el mundo de "Susurros de Sabiduría". Las historias están listas para desplegarse, sus personajes esperando compartir sus vidas, su sabiduría resonando a través de los tiempos, hablando al corazón. Así que sube las cobijas, acomódate y deja que los susurros de sabiduría llenen la noche.

La Aventura de Lily: El Amor Sin Fin de un Pastor

Érase una vez, en un valle verde y tranquilo, vivía un amable pastor llamado David. David tenía un rebaño de cien ovejas al que amaba y cuidaba profundamente. Todos los días, las llevaba a praderas exuberantes y arroyos cristalinos donde podían pastar y beber.

Una soleada mañana, mientras David contaba sus ovejas, notó que faltaba una. Era una pequeña oveja blanca con lana rizada llamada Lily. David se preocupó y no podía soportar la idea de que Lily estuviera sola y asustada.

Dejó las otras ovejas a salvo en la pradera y se embarcó en un viaje para encontrar a Lily. Caminó por senderos serpenteantes, sobre colinas rocosas y a través de bosques oscuros, buscando en todas partes. Su corazón estaba lleno de esperanza y determinación.

Finalmente, después de una larga búsqueda, David escuchó un débil "baa" proveniente de un acantilado escarpado. Con cuidado, subió y vio a Lily, atrapada en una pequeña repisa. Lily estaba asustada, incapaz de encontrar el camino de vuelta.

Con manos suaves, David extendió sus brazos y levantó a Lily a un lugar seguro. Los ojos de Lily brillaron de gratitud mientras se acomodaba de nuevo en los amorosos brazos del pastor. David se regocijó, sabiendo que su pequeña oveja estaba sana y salva.

De camino de regreso al rebaño, David le explicó a Lily: "Ves, Lily, eres como la oveja de una historia que una vez contó Jesús. Él dijo que si un pastor tiene cien ovejas y una se extravía, dejará las noventa y nueve y buscará a la perdida hasta encontrarla. Jesús nos ama y cuida de cada uno de nosotros, justo como yo te amo y cuido de ti."

El corazón de Lily se llenó de calidez y alegría al comprender el profundo amor de su pastor. Desde ese día en adelante, Lily se mantuvo cerca de David, nunca se apartó de su lado.

En esta historia, aprendemos sobre la parábola de la oveja perdida, que Jesús compartió para enseñarnos sobre el amor y cuidado de Dios por cada uno de nosotros. Así como el pastor buscó a su oveja perdida, Dios nos busca cuando nos sentimos perdidos o nos desviamos de Su camino. No importa cuán pequeños o insignificantes nos sintamos, el amor de Dios siempre está ahí para guiarnos y protegernos. Recuerda, eres precioso para Dios, y Él siempre estará allí para devolverte a la seguridad y al amor.

Daniel y la Amistad con los Leones

Había una vez, en una tierra lejana, un hombre sabio y fiel llamado Daniel. Amaba a Dios con todo su corazón y buscaba seguir Sus mandamientos todos los días. Daniel tenía un don especial para interpretar sueños, lo que lo hacía muy respetado en el reino.

Un día, el rey del país, el Rey Darío, nombró a Daniel como uno de sus consejeros de confianza. Esto provocó celos en los otros consejeros, y conspiraron contra Daniel. Convencieron al Rey Darío de promulgar una ley que decía que cualquiera que orase a cualquier dios o hombre que no fuera el rey sería arrojado a un foso de leones hambrientos.

A pesar de la nueva ley, Daniel se mantuvo firme en su fe. Todos los días, continuaba orando a Dios, dando gracias y buscando orientación. Cuando los consejeros celosos descubrieron la devoción inquebrantable de Daniel, informaron con entusiasmo al Rey Darío, quien se entristeció profundamente por los acontecimientos.

Aunque el rey admiraba a Daniel, se sintió atado por su propia ley y no tuvo más remedio que ordenar que Daniel fuera arrojado al foso de los leones. Mientras Daniel era bajado al foso, el Rey Darío dijo: "¡Que tu Dios, a quien sirves fielmente, te rescate!"

Durante toda la noche, el Rey Darío no pudo dormir. Se preocupaba por Daniel y su seguridad. Al amanecer, corrió hacia el foso de los leones, llamando ansiosamente: "¡Daniel, siervo del Dios viviente, ha podido tu Dios salvarte?"

Para su inmenso alivio, el Rey Darío escuchó una voz dentro del foso. Era Daniel, ileso y lleno de alegría. "Mi rey", dijo Daniel, "Dios envió a Su ángel para cerrar las bocas de los leones. No me han lastimado porque soy inocente a Sus ojos."

Desbordado de gratitud y asombro, el Rey Darío ordenó que Daniel fuera sacado del foso. Luego decretó una nueva ley en todo el país, reconociendo el poder y la grandeza del Dios de Daniel.

Desde ese día en adelante, Daniel continuó sirviendo como consejero de confianza del Rey Darío, y su fe y sabiduría brillaron con fuerza. Los leones en el foso se convirtieron en sus amigos, pues Dios lo había protegido y mostrado Su poderoso poder.

En esta historia, aprendemos sobre el coraje y la fe de Daniel. A pesar de enfrentar un gran peligro, se mantuvo fiel a Dios y continuó orando. Dios protegió a Daniel y mostró Su poder enviando un ángel para evitar que los leones le hicieran daño. Esta historia nos recuerda que cuando confiamos en Dios y nos mantenemos fieles, Él puede librarnos de cualquier desafío o dificultad que enfrentemos. Al igual que Daniel, podemos encontrar fuerza en nuestra relación con Dios y experimentar Sus intervenciones milagrosas en nuestras vidas.

La Gran Aventura de Noah

Érase una vez, en un mundo lleno de caos y desobediencia, vivía un hombre justo llamado Noah. Noah amaba a Dios profundamente y seguía Sus mandamientos con fidelidad. Un día, Dios habló con Noah y le reveló un plan para purificar la tierra con un gran diluvio. Dios le instruyó a Noah a construir un arca y reunir a dos de cada especie de animal, junto con su familia.

Noah obedeció las instrucciones de Dios sin dudar. Pasó años construyendo el enorme arca, mientras que la gente a su alrededor se burlaba y dudaba. A medida que el arca se acercaba a su terminación, Noah y su familia diligentemente reunieron a los animales, llevándolos a la seguridad del arca.

Cuando llegó el tiempo, la lluvia cayó del cielo y la tierra se cubrió de agua. Dentro del arca, Noah y su familia cuidaron de los animales, asegurando su bienestar a lo largo del diluvio. Confiaron en la promesa de Dios de protegerlos y guiarlos hacia la seguridad.

Después de cuarenta días y cuarenta noches, la lluvia cesó y las aguas del diluvio disminuyeron gradualmente. Noah envió una paloma para encontrar tierra seca, y esta regresó con una hoja de olivo, señal de que las aguas estaban bajando. Eventualmente, el arca se posó sobre una montaña.

Noah y su familia salieron gozosos del arca, agradeciendo a Dios por Su fidelidad. Dios hizo un pacto con Noah, prometiendo nunca más destruir la tierra con un diluvio, simbolizado por un arcoíris en el cielo.

La obediencia, fe y perseverancia de Noah al construir el arca nos enseñan la importancia de seguir las instrucciones de Dios, incluso cuando otros dudan de nosotros. Esta historia nos recuerda la fidelidad de Dios a Sus promesas y Su deseo de proteger a aquellos que Le son fieles.

La historia de Noah nos recuerda que Dios cumple Sus promesas. Así como protegió a Noah y a su familia durante el diluvio, Dios promete estar con nosotros y cuidarnos en nuestras propias vidas. Podemos confiar en Su fidelidad, incluso cuando las cosas parecen inciertas o desafiantes.

Así que recuerda, al igual que Noah, sé obediente, ten fe en Dios y confía en que Él siempre está velando por ti, guiándote a través de cualquier tormenta que se presente en tu camino. No importa lo que suceda, el amor y la fidelidad de Dios estarán contigo, justo como estuvieron con Noah y su familia.

David y Goliathh: El Triunfo del Pequeño Pastor

En la tierra de Israel, había un joven pastor llamado David. Era fuerte de espíritu y tenía una fe inquebrantable en Dios. Un día, un guerrero gigante llamado Goliath desafió al ejército israelita a enviar a su mejor soldado para luchar contra él. La intimidante presencia de Goliath aterrorizó a los soldados, y ninguno de ellos se atrevió a aceptar el desafío.

Cuando David escuchó sobre el desafío jactancioso de Goliath, supo que tenía que actuar. David se acercó al rey Saúl y se ofreció a luchar contra el gigante. A pesar de la joven edad y la pequeña estatura de David, su fe en Dios le dio valentía.

El rey Saúl dudó pero finalmente aceptó. Vistió a David con su propia armadura, pero era demasiado pesada para el joven pastor. David decidió confiar en Dios y se enfrentó a Goliath solo con una honda y cinco piedras lisas.

A medida que Goliath se acercaba, burlándose y provocando, David permaneció firme. Declaró audazmente: "Vienes contra mí con espada y lanza, pero yo vengo contra ti en el nombre del Señor Todopoderoso". David lanzó su honda y disparó una piedra, que golpeó a Goliath en la frente. El gigante cayó al suelo, derrotado.

Los israelitas se regocijaron y David se convirtió en un héroe. Su fe inquebrantable en Dios y su disposición para enfrentarse al desafío aparentemente insuperable de Goliath nos enseñan que ningún obstáculo es demasiado grande cuando confiamos en la fuerza de Dios.

Esta historia nos inspira a tener fe en el poder de Dios, incluso cuando nos enfrentamos a gigantes en nuestras propias vidas. Nos enseña que con Dios a nuestro lado, podemos superar cualquier adversidad y lograr grandes cosas, sin importar nuestro tamaño o edad.

En la historia de David y Goliath, aprendemos que el tamaño y la fuerza no importan tanto como la fe y el coraje. David, un joven pastor, se enfrentó a un guerrero gigante llamado Goliath. Pero en lugar de tener miedo, David confió en el poder de Dios y dio un paso al frente para luchar.

Esta historia nos enseña que podemos vencer nuestros miedos y desafíos cuando tenemos fe en Dios. No importa cuán grandes o aterradores parezcan los obstáculos, Dios siempre está con nosotros, dándonos la fuerza y el coraje para superarlos.

Al igual que David, podrías enfrentarte a desafíos en tu vida que parecen demasiado grandes para manejar. Pero recuerda, con Dios de tu lado, puedes enfrentar cualquier cosa. Confía en Él, sé valiente y nunca subestimes lo que puedes lograr cuando confías en la fuerza de Dios.

Así que, cuando te enfrentes a tus propios "gigantes", ya sea una tarea difícil, una situación complicada o alguien que dude de ti, recuerda que Dios está ahí para ayudarte. Pon tu confianza en Él, sé valiente y sabe que Él te guiará hacia la victoria.

Jonah y el Gran Pez: Una Lección Sobre las Segundas Oportunidades

Había una vez, un hombre llamado Jonah. Dios llamó a Jonah para entregar un mensaje a la gente de una ciudad llamada Nínive. Pero Jonah tenía miedo y no quería ir, así que decidió huir del mandato de Dios.

Jonah abordó un barco que iba en dirección opuesta a Nínive. Sin embargo, Dios envió una poderosa tormenta que azotó el barco y puso en peligro a todos a bordo. Dándose cuenta de que la tormenta era debido a la desobediencia de Jonah, los marineros lo arrojaron por la borda para salvar el barco.

Mientras Jonah se hundía en las profundidades del mar, un gran pez lo tragó entero. Dentro del vientre del pez, Jonah clamó a Dios, arrepintiéndose por su desobediencia y pidiendo perdón. Dios escuchó la oración de Jonah y ordenó al pez que lo escupiera en tierra firme.

Esta vez, Jonah escuchó el llamado de Dios y fue a Nínive. Advirtió a la gente del juicio inminente, y para su sorpresa, escucharon y se arrepintieron de sus malas acciones. Dios vio el cambio de corazón y les mostró misericordia, perdonando la ciudad de la destrucción.

La historia de Jonah y el Gran Pez nos enseña lecciones importantes. Nos muestra que no podemos escondernos de Dios y que Él siempre nos da segundas oportunidades. Jonah aprendió que es mejor escuchar y obedecer a Dios en lugar de intentar escapar de sus planes.

Para los niños, esta historia nos recuerda que debemos escuchar a nuestros padres, maestros y mayores cuando nos guían en la dirección correcta. Es esencial ser obedientes y responsables de nuestras acciones. Si cometemos errores o elegimos el camino equivocado, siempre podemos volvernos a Dios, pedir perdón, y Él nos dará un nuevo comienzo.

Recuerda, al igual que Jonah, Dios nos ama y quiere lo mejor para nosotros. Él siempre está listo para perdonar y darnos otra oportunidad. Así que, está abierto a la guía de Dios, toma decisiones sabias y confía en que Él te llevará por el camino correcto.

El Sabio Rey Salomón

Había una vez, en la tierra de Israel, un rey llamado Salomón. Salomón era conocido por su gran sabiduría, otorgada por Dios. Gente de todo el mundo venía a buscar su consejo y escuchar sus palabras de sabiduría.

Un día, dos mujeres se presentaron ante el Rey Salomón con un bebé. Ambas afirmaban ser la madre del niño y discutían acaloradamente, cada una insistiendo en que el niño le pertenecía. El Rey Salomón escuchó atentamente sus apasionados alegatos.

Con su sabiduría, el Rey Salomón ideó un plan para determinar quién era la verdadera madre. Ordenó que trajeran una espada y comandó: "Corten al bebé en dos, y cada una de ustedes recibirá la mitad."

Una de las mujeres gritó horrorizada: "¡No, mi señor! Por favor, deja que el bebé viva y dáselo a la otra mujer." Pero la otra mujer permaneció en silencio, de acuerdo con el juicio del rey.

El Rey Salomón supo inmediatamente quién era la verdadera madre. Dijo: "Entreguen al niño vivo a la primera mujer. Ella es la verdadera madre, ya que preferiría ver a su bebé vivir antes de tenerlo dividido." La gente se maravilló de la sabiduría y el juicio justo del Rey Salomón. Alabaron a Dios por bendecir su tierra con un rey sabio y justo.

La historia del Rey Salomón nos enseña el valor de la sabiduría y la justicia. La sabia decisión del Rey Salomón demostró su profundo entendimiento del amor de una madre. Sabía que una verdadera madre haría cualquier cosa para proteger a su hijo, incluso si eso significaba dejarlo ir.

Esta historia nos recuerda buscar la sabiduría en nuestras propias vidas. Cuando nos enfrentamos a decisiones difíciles o conflictos, es importante considerar el bienestar de los demás y actuar con justicia y compasión. Debemos esforzarnos por encontrar resoluciones pacíficas y mostrar empatía por quienes nos rodean.

Además, la historia resalta la importancia del desinterés y el sacrificio de nuestros propios deseos por el bien de los demás. Al igual que la verdadera madre que estaba dispuesta a renunciar a su reclamo sobre el bebé, deberíamos priorizar el amor y el cuidado mutuo.

Así que recordemos la sabiduría del Rey Salomón y aspiremos a ser justos, compasivos y desinteresados en nuestros actos. A través de la sabiduría y la bondad, podemos hacer del mundo un lugar mejor.

La Última Cena

Érase una vez en una tierra lejana, vivía un hombre sabio y amable llamado Jesús. Viajaba de ciudad en ciudad, difundiendo amor, alegría y buenas enseñanzas. Una tarde, mientras el sol se ocultaba bajo el horizonte, Jesús invitó a sus amigos más cercanos, los doce discípulos, a una cena especial.

Los discípulos estaban emocionados y se reunieron alrededor de una larga mesa de madera. Jesús sonrió con calidez y dijo: "Mis queridos amigos, esta noche es una noche especial. Compartamos una comida juntos antes de que deba partir."

Mientras estaban sentados juntos, Jesús tomó un pan, lo partió en pedazos y lo pasó alrededor. "Tomen y coman", dijo, "este pan representa mi cuerpo, que será entregado por ustedes."

Los discípulos estaban desconcertados pero siguieron sus palabras. Luego, Jesús tomó una copa de vino y la pasó alrededor. "Este vino representa mi sangre, que será derramada por ustedes", dijo.

Mientras compartían la comida, Jesús les recordó la importancia del amor, el perdón y el cuidado mutuo. Sabía que pronto enfrentaría tiempos difíciles, pero quería que sus amigos recordaran estas preciosas enseñanzas.

Uno de los discípulos, llamado Judas, se sintió turbado en su corazón. Estaba tentado por la codicia y los celos, y tomó una decisión terrible. Traicionó a Jesús y reveló su paradero a aquellos que buscaban hacerle daño.

Jesús sabía lo que estaba sucediendo, pero no respondió con ira ni odio. Continuó mostrando amor y compasión a todos, incluido Judas. Le perdonó por sus acciones, esperando que algún día, Judas encontrara paz en su corazón.

Después de la cena, Jesús y los discípulos fueron a un jardín a orar. Sabía que su tiempo en la Tierra estaba llegando a su fin, pero se mantuvo fuerte en su fe y confianza en Dios. Pidió a sus discípulos que se mantuvieran despiertos con él, pero se quedaron dormidos, cansados de su viaje.

En las horas más oscuras de la noche, llegaron soldados y arrestaron a Jesús. Fue llevado, y los discípulos se sintieron tristes y temerosos. No entendían por qué estaba sucediendo esto, pero se aferraron a las lecciones que Jesús les había enseñado.

En los días siguientes, Jesús enfrentó grandes desafíos y sufrimientos. Pero a pesar de todo, permaneció fiel a sus enseñanzas de amor, perdón y bondad.

La moraleja de esta historia es que el amor y el perdón son fuerzas poderosas que pueden sanar incluso las heridas más profundas. Así como Jesús perdonó a Judas por su traición, también deberíamos aprender a perdonar a otros cuando cometen errores. Al hacerlo, podemos crear un mundoasassasslleno de amor, comprensión y compasión, haciéndolo un lugar mejor para todos. Así que, antes de dormir esta noche, recuerda perdonar y amar, tal como lo hizo Jesús. Buenas noches, querido niño, y recuerda siempre el poder de un corazón perdonador.

Moisés y la Zarza Ardiente: Un Llamado al Liderazgo!

En la tierra de Egipto, los israelitas estaban esclavizados por el Faraón. Un día, un hombre llamado Moisés, que había sido criado como un príncipe egipcio pero era de ascendencia hebrea, estaba cuidando sus ovejas cerca del Monte Sinaí.

Mientras Moisés guiaba su rebaño, notó un espectáculo peculiar: una zarza que estaba en llamas pero no se consumía. La curiosidad llenó su corazón y se acercó a la zarza ardiente. Para su asombro, una voz llamó desde dentro de las llamas, diciendo: "¡Moisés, Moisés!"

Temblando de asombro, Moisés respondió: "Aquí estoy".

Dios habló a Moisés desde la zarza ardiente y reveló Su plan divino. Le instruyó a Moisés para que regresara a Egipto y exigiera la libertad de los israelitas de la opresión del Faraón. Aunque Moisés se sentía indigno e inseguro de sus habilidades, Dios le aseguró que estaría con él en cada paso del camino.

Con el coraje encendido en su corazón, Moisés obedeció el mandato de Dios. Se enfrentó al Faraón, realizó señales milagrosas y lideró a los israelitas fuera de Egipto a través de las aguas divididas del Mar Rojo. A pesar de enfrentar numerosos desafíos y las dudas de su pueblo, Moisés se mantuvo firme en su fe e inquebrantable en su compromiso con la misión de Dios.

La historia de Moisés y la Zarza Ardiente nos enseña que Dios puede usar a personas ordinarias para lograr cosas extraordinarias. Nos recuerda que incluso cuando nos sentimos inadecuados o asustados, Dios nos equipa con la fuerza y la orientación que necesitamos para cumplir Su propósito en nuestras vidas.

A través de la historia de Moisés, aprendemos la importancia de escuchar el llamado de Dios, confiar en Su poder y aceptar los roles de liderazgo que Él nos asigna. Nos alienta a ser valientes, obedientes y a depender de la fuerza de Dios, sabiendo que Él siempre está presente y nos guiará a través de cualquier desafío que enfrentemos.

La Alimentación Milagrosa de los Cinco Mil

En tiempos de Jesús, grandes multitudes lo seguían adondequiera que iba, ansiosas por escuchar sus enseñanzas y ser testigos de sus milagros. Un día, mientras el sol comenzaba a ponerse, una vasta multitud se había reunido en un lugar remoto para escuchar a Jesús.

Al ver que la gente tenía hambre y no había comida cerca, Jesús preguntó a sus discípulos si tenían algo de comida para compartir. Un niño se adelantó con su pequeño almuerzo: una ofrenda modesta de cinco panes y dos peces.

Jesús tomó el humilde regalo del niño, miró al cielo y dio gracias. Luego instruyó a sus discípulos a distribuir la comida entre la multitud. Milagrosamente, la modesta ofrenda se multiplicó en las manos de Jesús, y todos los presentes fueron alimentados. No solo comió toda la gente, sino que también hubo doce cestas llenas de sobras. Esta historia sirve como un recordatorio de la importancia de la generosidad y el desinterés. Nos anima a compartir lo que tenemos, por pequeño que sea, y confiar en la provisión de Dios. Inculca en nosotros la creencia de que incluso nuestras contribuciones aparentemente insignificantes pueden marcar la diferencia en la vida de otros.

A medida que avanzamos en nuestro día, deberíamos buscar oportunidades para ayudar a quienes nos rodean. Podría ser tan simple como compartir una comida, dar una palabra amable o extender una mano de ayuda. Al hacerlo, también nos convertimos en parte de la obra milagrosa de Dios en el mundo, difundiendo amor y compasión tal como lo hizo Jesús.

Así que mientras cerramos los ojos esta noche y nos adentramos en el reino de los sueños, que la historia de la alimentación de los cinco mil llene nuestros corazones de generosidad, fe, gratitud y confianza. Que nos inspire a compartir, a dar gracias y a confiar en el cuidado y la providencia de Jesús. Buenas noches y que tus sueños estén llenos de bendiciones multiplicadas.

David y Jonathan: Una Verdadera Amistad

En el reino de Israel, había un joven pastor llamado David, que tenía un corazón lleno de amor por Dios. Era valiente y había derrotado al gigante Goliat, ganándose el favor del rey Saúl. El vínculo más preciado de David era con Jonathan, el hijo del rey Saúl.

David y Jonathan formaron una profunda amistad que estaba arraigada en su fe compartida y respeto mutuo. Se apoyaron y alentaron mutuamente en tiempos de triunfo y dificultad. Jonathan reconoció la unción de David como el futuro rey y cedió voluntariamente su propio derecho al trono, afirmando el destino de David.

A pesar de los desafíos que enfrentaron, David y Jonathan permanecieron leales el uno al otro. Hicieron un pacto de amistad, prometiendo proteger y cuidar a las familias del otro. Su lazo era inquebrantable, y su amistad servía como ejemplo de amor, confianza y desinterés.

La historia de David y Jonathan nos enseña el valor de la verdadera amistad. Ilustra la importancia de apoyar y elevarse mutuamente, incluso ante la adversidad. Aprendemos que los verdaderos amigos se mantienen el uno al otro, celebran los éxitos del otro y brindan consuelo y aliento durante los tiempos difíciles.

Esta historia también enfatiza las cualidades de lealtad, sacrificio y desinterés dentro de una amistad. Nos enseña a priorizar el bienestar y la felicidad de sus amigos, tal como lo hicieron David y Jonathan.

Además, la historia nos alienta a cultivar nuestras relaciones basadas en la confianza, el respeto y los valores compartidos. Nos enseña la importancia de elegir amigos que nos inspiren a ser nuestras mejores versiones y que caminen junto a nosotros en nuestro camino de fe.

Así que, dejemos que la historia de David y Jonathan nos inspire a valorar y nutrir nuestras amistades, y a esforzarnos por ser amigos leales y solidarios nosotros mismos.

El Hijo Pródigo: El Amor Incondicional de un Padre

En un lugar lejano, vivía un hombre acaudalado con sus dos hijos. Quizás puedas imaginar la grandeza de su hogar, los campos que se extendían hasta donde alcanza la vista, las risas que resonaban por los pasillos. El hijo menor quería explorar el mundo más allá del hogar que tan bien conocía. Pidió a su padre su parte de la herencia y, con un corazón pesado como una piedra hundiéndose en un río, su padre accedió.

Con un bolsillo lleno de oro y sueños, el hijo menor partió hacia su aventura. ¿Puedes visualizarlo, de pie en la encrucijada, eligiendo su camino? Desafortunadamente, sus elecciones lo llevaron por un camino de vida disipada, y pronto se quedó sin dinero y hambriento. En su corazón, empezó a crecer una semilla de arrepentimiento. Decidió volver a casa, listo para disculparse, para pedir el perdón de su padre.

Ahora, piensa en cómo se sentiría ver tu hogar después de mucho tiempo. El hijo joven tenía miedo, inseguro de la bienvenida que recibiría. Sin embargo, ocurrió algo increíble. Su padre, al verlo de lejos, corrió hacia él. ¿Puedes imaginar su sorpresa cuando su padre lo envolvió en un cálido y acogedor abrazo? La alegría del padre llenó el aire, se organizó una gran fiesta y la casa se llenó de celebración.

Pero esta historia tiene otro giro. El hijo mayor, que siempre había sido leal y obediente, como una roca en medio de un mar tormentoso, no podía entender la alegría de su padre. Sintió un surgir de resentimiento, como cuando te sientes ignorado. Su padre, notando esto, lo atrajo hacia sí y le explicó el poder del amor incondicional. Instó a su hijo mayor a dejar de lado su resentimiento y a alegrarse por el regreso de su hermano.

Ahora, mientras piensas en esta historia, recuerda las lecciones que contiene. Saber que, al igual que el padre de la historia, el amor de Dios por ti es ilimitado. Incluso si cometes errores o pierdes tu camino, Dios siempre está allí para darte la bienvenida con los brazos abiertos. Recuerda que nunca es demasiado tarde para pedir disculpas y comenzar de nuevo.

Y no olvides la lección del hijo mayor. El perdón y la empatía hacia los demás, incluso cuando es difícil, son cualidades para valorar. Celebra cuando se encuentra a uno que estaba perdido, un amigo pide disculpas o cuando un hermano comparte un juguete que no quería. Cada día ofrece la oportunidad de practicar la alegría del perdón y de apreciar el amor compartido entre nosotros.

Al dormirte esta noche, lleva estas lecciones en tu corazón. Recuerda el amor del padre, la alegría del regreso y la lección del hijo mayor. Deja que estas te guíen mientras sueñas bajo el cielo estrellado.

La Curación del Mendigo Ciego: Fe y Compasión

En un pueblo lleno de gente, ruido y vida, había un mendigo ciego sentado al borde del camino. ¿Puedes imaginar su mundo, como una noche sin estrellas, anhelando el don de la vista? Un día, una oleada de emoción barrió la multitud. Jesús pasaba por allí.

Al escuchar esto, el mendigo ciego alzó su voz, gritó: "¡Jesús, hijo de David, ten piedad de mí!" Incluso cuando la gente intentó callarlo, él persistió. Creía, en lo más profundo de su corazón, que Jesús podría otorgarle la vista.

Jesús, al oír los gritos del hombre, se detuvo. Imagina el momento en que Jesús lo llamó. Con una compasión que calienta como una manta agradable en una noche fría, Jesús le devolvió la vista al hombre. ¿Puedes imaginar su alegría al ver por primera vez los colores, formas y rostros del mundo?

El hombre, ahora capaz de ver, se convirtió en seguidor de Jesús. Alabó a Dios y compartió su historia milagrosa por todas partes.

Mientras piensas en esta historia, recuerda las lecciones que enseña. Al igual que el mendigo ciego, nunca pierdas la fe en el poder de Dios, incluso cuando otros intenten desanimarte. Recuerda que la persistencia puede conducir a grandes cosas.

Esta historia también muestra la importancia de ser amable y compasivo con todos los que conoces. Imagínate en el lugar de Jesús, alcanzando con amor y comprensión. Recuerda extender tu propia bondad a los necesitados, tal como lo hizo Jesús.

Y no olvides apreciar los dones que tienes. Cada mañana, cuando abras los ojos a un nuevo día, toma un momento para estar agradecido por la capacidad de ver el mundo que te rodea. Usa tus dones, sean cuales sean, para hacer del mundo un lugar mejor.

Así que, mientras cae la noche y te acurrucas bajo tus cálidas mantas, deja que esta historia llene tus sueños. Que inspire fe en el poder de Dios, un corazón lleno de compasión y gratitud por todas tus bendiciones. Buenas noches, y que tus sueños sean tan brillantes y esperanzadores como el sol de la mañana.

Ruth y Naomi: Lealtad y la Providencia de Dios

En la tierra de Belén, había una mujer llamada Naomi, cuya vida había sido marcada por la pérdida. Con su esposo y sus dos hijos ya no presentes, se quedó sola como un árbol solitario en un campo vacío. Con un corazón tan pesado como una piedra, Naomi tomó la decisión de regresar a su tierra natal, como un pájaro que vuela de regreso a su nido, esperando un nuevo comienzo.

Su nuera, Ruth, era un faro de amor y lealtad en la vida de Naomi. Ruth le prometió a Naomi: "Donde tú vayas, iré yo. Donde tú te quedes, me quedaré yo. Tu pueblo será mi pueblo y tu Dios será mi Dios."

Y así, viajaron juntas a Belén, superando los giros y vueltas de la vida con coraje inquebrantable. En Belén, Ruth era una trabajadora incansable, recolectando grano de los campos de Booz, un hombre tan generoso como el sol es brillante.

Booz, conmovido por la lealtad inquebrantable y la virtud de Ruth, ofreció su protección y cuidado. Con el tiempo, Booz y Ruth se casaron, su unión una hermosa melodía en la sinfonía de la vida, trayendo alegría y restauración.

Al escuchar el relato de Ruth y Naomi, considera las lecciones que ofrece. Ve la importancia de la lealtad y la compasión, ya que Ruth eligió estar junto a Naomi frente a la adversidad. Aprende que Dios, como un maestro artista, a menudo usa los amplios trazos de la dificultad para pintar un hermoso cuadro de bendiciones en nuestras vidas.

La historia también sirve como un recordatorio de la alegría que se encuentra al abrazar la diversidad. Así como Ruth eligió amar y respetar al pueblo de Naomi y a su Dios, tú también puedes elegir aceptar y mostrar amabilidad a aquellos que pueden parecer diferentes a ti. Subraya la importancia de la unidad y los valores compartidos en una comunidad.

Mientras te preparas para dormir, deja que la historia de Ruth y Naomi repose en tu corazón. Que florezca en una flor de lealtad, compasión, aceptación y confianza en el plan de Dios para ti. Buenas noches, y que tus sueños estén llenos de amor y bondad.

El Horno de Fuego: Confiar en Dios en Tiempos Difíciles

En el vasto reino de Babilonia, el poderoso rey Nebuchadnezzar gobernaba con mano de hierro. El rey, orgulloso como un pavo real, construyó una magnífica estatua de oro. Ordenó a todos, tan numerosos como las estrellas del cielo, que se inclinaran y adoraran esta figura dorada.

Pero Shadrach, Meshach y Abednego, tres firmes seguidores de Dios, se mantuvieron altos como antiguos robles en un bosque, negándose a inclinarse ante cualquier ídolo. Su desafío encendió un fuego de ira en el rey Nebuchadnezzar, quien ordenó que estos tres amigos fueran arrojados a un horno que rugía y chisporroteaba como una bestia salvaje.

Incluso frente al ardiente horno, Shadrach, Meshach y Abednego permanecieron tan serenos como la superficie de un lago en calma, su fe en Dios intacta. Cuando fueron arrojados a las llamas, una vista asombrosa se reveló. Dentro del ardiente torbellino, se veían cuatro figuras moviéndose ilesas, como si estuvieran paseando en una suave brisa de primavera.

Nebuchadnezzar, con los ojos tan abiertos como la luna llena, los llamó fuera del horno. Salieron, sin ser tocados por las llamas devoradoras, como testimonio de la protección milagrosa de Dios. Impactado por este poder divino, el rey ordenó que nadie hablara contra su Dios y honró a Shadrach, Meshach y Abednego por su fe inquebrantable, firme como una montaña frente a la tormenta.

Escucha este relato de Shadrach, Meshach y Abednego y reflexiona sobre las enseñanzas que imparte. Muestra la importancia de aferrarse a tus creencias, incluso cuando los vientos de la adversidad intentan sacudirte. Te recuerda el poder de la protección de Dios, un escudo contra las pruebas más duras.

Que aprendas de la inquebrantable fe de estos tres amigos y que te aliente a confiar en la fortaleza de Dios en tiempos de tribulación. Recuerda la importancia de la integridad, eligiendo mantener tu fe, incluso si significa oponerse a la multitud.

Mientras contemplas esta historia, deja que sea una luz guía, iluminando el camino de confianza en Dios, fe inquebrantable y una integridad sin compromisos en tu propio viaje. Buenas noches, y que tus sueños estén llenos de valentía y paz.

El Buen Samaritano: Compasión y Amar al Prójimo

Había una vez en la tierra de Israel, un hombre que viajaba de Jerusalén a Jericó. De la nada, fue emboscado por ladrones, quedándose con nada más que su vida, aferrándose a ella por el hilo más fino. La gente pasaba de largo, incluyendo a un sacerdote y un levita, quienes lo vieron pero eligieron seguir su camino como si fuera un fantasma invisible.

Luego, imagina la sorpresa: un samaritano, que a menudo era juzgado y despreciado por la comunidad judía, vio al hombre herido. No pasó de largo, en cambio, su corazón se llenó de compasión como una fuente burbujeante. Cuidó las heridas del hombre, lo levantó en su burro con suavidad como una pluma y lo llevó a una posada cercana. Allí, el samaritano prometió pagar por cualquier cuidado adicional que el hombre herido pudiera necesitar, poniendo el amor y el cuidado por encima de todo lo demás.

Jesús contó esta historia como una lección de amor y bondad, preguntando: "¿Quién, entre el sacerdote, el levita y el samaritano, fue el prójimo del hombre que fue emboscado por los ladrones?" La respuesta era clara como el día: "El que le brindó amabilidad."

El relato del Buen Samaritano destaca el poder de la compasión y la bondad, y la importancia de extender una mano amiga a los necesitados. Muestra que ser vecino no depende de vivir puerta con puerta sino que se extiende a todos los que encontramos.

Recuerda, tus pequeños actos de bondad pueden ser como un rayo de sol en el día tormentoso de alguien. Esta historia te insta a prestar tus oídos, tu corazón y tus manos a quienes lo necesiten, sin importar quiénes sean o de dónde vengan.

Y recuerda, este cuento te insta a mirar más allá de lo que ves. Te anima a romper con las nociones preconcebidas y ver a todos a tu alrededor como dignos de bondad y respeto.

Así que, deja que el relato del Buen Samaritano te guíe en tu camino. Sé quien muestra bondad, quien tiende una mano, quien es un verdadero vecino. Que este cuento te inspire a llenar tu corazón de compasión y tus días con actos de amor. Buenas noches, y que tus sueños estén llenos de calidez y bondad.

Los Héroes Anónimos: Una Historia de Servidumbre

En el corazón de Galilea, un pequeño pueblo estaba enclavado entre las colinas. Aquí vivía una familia compuesta por Jacob, Sarah y sus dos hijos, Levi y Miriam. Jacob era un carpintero talentoso y Sarah, con todo su corazón, cuidaba de su acogedor hogar.

Un día, el pueblo estaba revolucionado con la emoción. ¿Puedes adivinar por qué? Sí, ¡Jesús, el conocido maestro y sanador, estaba pasando por su pueblo! Todos estaban ansiosos por verlo y aprender de su sabiduría.

En medio del ajetreo, Jacob y Sarah vieron una oportunidad de oro para servir a Jesús. No tenían montones de oro ni vastas tierras, pero lo que sí tenían era un hogar cálido. Decidieron dar la bienvenida en su casa a Jesús y a sus discípulos para que descansaran y disfrutaran de una comida abundante.

Con alegría burbujeante en sus corazones, prepararon una comida llena de amor y cuidado. Limpiaron su hogar hasta que brilló y esperaron a Jesús con los corazones abiertos. Cuando Jesús y sus discípulos entraron en su casa, los recibieron con amplias sonrisas, ofreciendo un espacio de calor y nutrición.

Mientras compartían la comida, Jacob y Sarah escuchaban las palabras de Jesús como aprendices ansiosos, absorbiendo cada gota de sabiduría. Observaron cómo Jesús sanaba a los enfermos y consolaba a los afligidos, todo mientras compartía el mensaje de amor de Dios.

Jacob y Sarah no realizaron milagros ni predicaron poderosos sermones como Jesús. Sin embargo, su simple acto de servicio proporcionó un telón de fondo de amor y cuidado, apoyando la misión de Jesús. Su humilde hospitalidad creó un refugio seguro para Jesús y sus discípulos, un lugar para descansar y recuperar fuerzas.

Cuando llegó el momento de que Jesús se marchara, miró a Jacob y a Sarah, con los ojos llenos de gratitud. Dijo: "Sepan esto, cualquier cosa que hayan hecho por el más pequeño de estos, la han hecho por Mí".

Este cuento de Los Héroes Anónimos te muestra el poder del servicio humilde y la magia de los pequeños actos de bondad. Es un recordatorio de que todos tienen un papel especial que desempeñar en el mundo, sin importar quiénes sean o lo que tengan.

Recuerda, servir a los demás con un corazón humilde es como una hermosa canción de amor y fe. Busca oportunidades para difundir calidez, ayudar a los necesitados y crear un ambiente lleno de amor y aceptación.

Este cuento demuestra que incluso los actos más pequeños de bondad pueden marcar una gran diferencia y ser parte del gran trabajo en el mundo. Tú también puedes ser un héroe anónimo, tocando vidas con tus actos de bondad y compasión.

Así que, deja que el cuento de Los Héroes Anónimos te inspire a servir con amor, a valorar el poder de los pequeños actos de bondad y a usar tus dones únicos para servir a los demás. Buenas noches, que tus sueños estén llenos de amor y bondad.

La Moneda Perdida: El Valor de Cada Alma

Visitemos una bulliciosa ciudad, donde vivía una mujer amable y generosa llamada Rebecca. Ella poseía diez monedas de plata brillantes, cada una un tesoro para ella.

Un día, mientras Rebecca contaba cuidadosamente sus monedas, ¡descubrió que faltaba una! Buscó en cada rincón de su casa, volteando todo al revés, pero la moneda seguía sin aparecer. Sin rendirse, encendió una lámpara y barrió toda la casa, porque estaba decidida a encontrar su preciosa moneda.

¿Puedes imaginar cuánto debió buscar Rebecca esa moneda? Después de horas de búsqueda, finalmente vio un pequeño brillo debajo de un rincón polvoriento. Sintiéndose emocionada, se agachó y encontró su moneda perdida. Estaba tan feliz que invitó a todos sus amigos y vecinos a celebrar con ella.

Mientras todos se reunían a su alrededor, Rebecca compartió su historia. Dijo: "Así como esta moneda estaba perdida y ahora se ha encontrado, cada uno de nosotros tiene un gran valor ante los ojos de Dios". Esto nos recuerda la historia que Jesús compartió sobre la oveja perdida. Jesús dijo que incluso si una oveja se perdía, el pastor dejaría las noventa y nueve y buscaría hasta encontrarla. Y cuando la encontrara, celebraría con alegría.

Al igual que la moneda perdida y la oveja perdida, cada uno de ustedes es muy importante y precioso para Dios. No importa si a veces te sientes perdido o insignificante, siempre recuerda que el amor de Dios por ti es ilimitado.

Tú también eres apreciado por Dios, incluso si crees que tienes defectos o cometes errores. Esta historia espera animarte a ver el valor y la dignidad en ti mismo y en los demás a tu alrededor.

También es un llamado para que muestres amabilidad y alcances a aquellos que pueden sentirse perdidos u olvidados. Así como Rebecca lo hizo por su moneda perdida, o el pastor por su oveja perdida, puedes extender una mano amiga, ofreciendo amor y apoyo a quienes más lo necesitan.

La Moneda Perdida es un suave recordatorio de lo especial que es cada uno de ustedes y de la importancia de cuidar de aquellos que podrían sentirse perdidos. Espero que te inspire a ser una luz brillante de amor, compasión y aceptación en un mundo donde todos merecen ser valorados y apreciados.

La Semilla de Mostaza: El Poderoso Crecimiento de la Fe

Érase una vez, en un acogedor pueblito, una niña llamada Anna. A Anna le encantaba escuchar historias sobre Jesús y sus enseñanzas de parte de su mamá y su papá. Un soleado día, le preguntó a su papá: "¿Cómo pueden las cosas pequeñas hacer una gran diferencia?"

Los ojos de su padre brillaron y dijo: "Déjame compartirte la asombrosa historia de la semilla de mostaza".

Hace mucho tiempo, Jesús explicó a sus amigos acerca de la fuerza de la fe. Les dijo: "Incluso si tu fe es tan pequeña como una semilla de mostaza, puedes decirle a una montaña que se mueva, ¡y lo hará! Nada será demasiado difícil para ti".

Los ojos de Anna se agrandaron, preguntándose cómo esto podría ser posible. Se embarcó en una aventura para descubrir el secreto de la semilla de mostaza. Al encontrar una semilla de mostaza diminuta, se maravilló de cómo podía esconder un secreto tan grande.

Sintiéndose emocionada, Anna decidió plantar la semilla de mostaza en un pedazo de tierra. Cada día, la cuidaba, regándola

La Viuda Persistente: Confiando en la Justicia de Dios

En un lugar no muy lejano, enclavado entre verdes prados y altos árboles, un pueblo zumbaba de vida. Allí vivía una valiente mujer viuda llamada Rachel, que tenía un corazón lleno de coraje y fe. Pero un día, llegó al pueblo un nuevo gobernante que no era justo, lo que dificultaba las cosas para todos.

Rachel vio esto y la puso muy triste. Decidió que tenía que hacer algo al respecto. Así que caminó directamente hacia el gran castillo del gobernante y llamó a su enorme puerta. Le pidió amablemente que fuera amable y justo con todos. Pero el gobernante, con su mente llena de pensamientos egoístas, no escuchó sus palabras.

¿Pero sabes qué? ¡Rachel no dejó que esto la detuviera! Se armó de valor y volvió al gobernante todos los días, pidiéndole una y otra vez que hiciera lo correcto. Al gobernante le cansaban sus visitas diarias, pero aún así, no cambiaba sus maneras. Pero Rachel, con un corazón lleno de esperanza y ojos brillando con determinación, no se rindió. Creía con todo su corazón que Dios veía todo y ayudaría a hacer las cosas bien.

Finalmente, después de muchos días, el gobernante vio el fuego de fe en Rachel y decidió escucharla. El valiente corazón de Rachel y su espíritu de nunca rendirse le hicieron ver que era importante ser justo y amable con todos.

Ahora, escuchen atentamente, mis pequeños. Esta historia de la Viuda Persistente, de la valiente Rachel, nos muestra lo importante que es siempre defender lo que es correcto. Incluso cuando las cosas parezcan difíciles, ¡nunca te rindas! Saber que tu voz es importante y puede hacer una gran diferencia.

Y recuerda siempre, al igual que Rachel, cuando pones tu confianza en Dios y siempre buscas hacer lo correcto, Él estará allí para guiarte y ayudarte. Así que, mientras te acomodas en tu cama esta noche, piensa en la valiente Rachel y recuerda, sé siempre amable, justo y nunca te rindas.

Los Talentos: Usar los Dones para Multiplicar las Bendiciones

Había una vez, en un pueblo zumbante con el ruido de tiendas y mercados ocupados, vivía un hombre inteligente llamado Samuel. ¡Él sabía cómo hacer un buen trato mejor que nadie! Un día, Samuel llamó a sus tres ayudantes de confianza y les dio a cada uno una bolsa de monedas de oro brillantes.

Al primer ayudante, le dio cinco bolsas llenas de monedas de oro. Al segundo, le dio dos bolsas, y al último, le dio una sola bolsa. Samuel les dio una misión especial, "Usen estas monedas de oro sabiamente y háganlas crecer mientras estoy de viaje".

Ahora, el primer ayudante estaba tan ansioso como un castor. ¡Se puso a trabajar de inmediato, utilizando las monedas de oro para comprar cosas que luego podía vender por más dinero! ¿Y adivina qué? ¡Logró convertir sus cinco bolsas de monedas de oro en diez!

El segundo ayudante vio esto y pensó: "¡Yo también puedo hacer eso!" Entonces puso sus monedas a trabajar y compró y vendió cosas con cuidado hasta que convirtió sus dos bolsas en cuatro.

Pero el tercer ayudante, estaba asustado como un ratón. Pensó que podría perder las monedas, así que decidió enterrar la única bolsa de monedas de oro que tenía, profundamente en la tierra.

Cuando Samuel regresó, preguntó a sus ayudantes cómo les había ido. ¡Los primeros dos ayudantes estaban tan felices como alondras! Le mostraron a Samuel todas las monedas de oro adicionales que habían ganado. Samuel estaba muy complacido, dijo: "¡Bien hecho! Usaron lo que les di y lo hicieron crecer. Ahora, confío en ustedes para cuidar aún más cosas".

Pero cuando el tercer ayudante se presentó, solo tenía la misma bolsa única de monedas de oro. Le dijo a Samuel que tenía demasiado miedo de intentar hacerla crecer. Samuel estaba decepcionado y dijo: "Al menos podrías haber puesto mi dinero en el banco para ganar un poco más".

Ahora mis pequeños, esta historia, la historia de Los Talentos, quiere decirles algo muy especial. Quiere decirles que a cada uno de ustedes se les da un don maravilloso por parte de Dios. Podría ser el don de dibujar hermosas imágenes, contar historias fantásticas, hacer reír a la gente o incluso ser un buen amigo.

Al igual que los ayudantes con las bolsas de monedas de oro, tienen que usar estos dones y hacerlos crecer. No sean como el tercer ayudante que tenía demasiado miedo de usar lo que tenía. ¡Sean valientes! Usen sus dones para hacer del mundo un lugar mejor.

Al cerrar los ojos esta noche, recuerden, Dios les ha dado algo especial. No tengan miedo de usarlo. Sean como los primeros y segundos ayudantes y vean cómo sus talentos bendicen al mundo.

El Valiente Acto de Ester: La Decisión de una Joven Reina

Érase una vez, en la tierra de Persia, una dulce y encantadora joven llamada Ester. Ella vivía con su amable primo Mardoqueo, que la cuidaba como si fuera su propia hija. Ester no solo era muy hermosa, sino también amable y de corazón gentil.

Un día, el rey de Persia, el rey Jerjes, decidió que necesitaba una nueva reina. Por lo tanto, se emitió una orden real para encontrar a las chicas más hermosas y encantadoras del reino, y Ester fue elegida para ir al palacio.

¿Adivina qué pasó después, mis queridos? El rey conoció a Ester y pensó que era la joven más maravillosa que jamás había visto. ¡La eligió para ser la reina! Pero en el palacio, había un hombre malo llamado Amán que no le gustaba el pueblo de Ester y quería hacerles daño.

Cuando Mardoqueo se enteró del desagradable plan de Amán, envió un mensaje a Ester. Le pidió que usara su nueva posición como reina para ayudar a su pueblo. Pero acercarse al rey sin ser invitado podía ser muy peligroso, incluso para la reina, y Ester tenía miedo.

Mardoqueo le dijo a Ester algo muy sabio. Dijo: "Ester, tal vez llegaste a ser reina justamente para que pudieras ayudarnos en un momento como este". Ester sintió un movimiento en su corazón. Sabía que Mardoqueo tenía razón.

Con todo el valor que pudo reunir, Ester hizo un plan. Organizó un gran banquete para el rey y Amán. En medio del banquete, le contó valientemente al rey sobre el malvado plan de Amán. ¡El rey se enojó tanto con Amán que decidió castigarlo!

Gracias a la valentía de Ester, su pueblo se salvó de un destino terrible. El rey hizo una nueva ley que les permitía protegerse. ¡Mardoqueo fue honrado y hubo una gran celebración!

La historia de Ester, mis queridos, es un recordatorio de lo valientes y audaces que podemos ser, incluso cuando tenemos miedo. Al igual que Ester, podemos defender lo que es correcto y marcar una gran diferencia en el mundo. Mientras te acurrucas en tu cama esta noche, recuerda que tú también puedes ser valiente y defenderte por los demás. Deja que la historia de la valiente reina Ester te guíe en tus sueños esta noche.

Josué y la Batalla de Jericó: Una Gran Conquista por la Fe

En una tierra llena de montañas imponentes y verdes valles exuberantes, vivía un líder valiente llamado Josué. Era fuerte y valiente, con ojos que brillaban como las estrellas en el cielo nocturno. Dios había elegido a Josué para liderar a los israelitas, un grupo especial de personas, hacia una nueva tierra llamada Canaán.

Un día, los israelitas llegaron a la ciudad de Jericó. Era una ciudad grandiosa con muros que se extendían altos hacia el cielo. La gente de Jericó era fuerte y feroz, y no querían que los israelitas entraran en su ciudad.

Pero Josué tenía fe en el plan de Dios. Reunió al ejército israelita y compartió las instrucciones de Dios. Debían marchar alrededor de la ciudad una vez al día durante seis días, con siete sacerdotes llevando trompetas hechas de oro reluciente. En el séptimo día, debían marchar alrededor de la ciudad siete veces y, cuando Josué diera la señal, los sacerdotes debían soplar sus trompetas y el pueblo debía gritar con todas sus fuerzas.

Con esperanza en sus corazones, los israelitas siguieron el mandato de Josué. Marcharon alrededor de Jericó, sus pasos creando un ritmo cadencioso. Los sacerdotes soplaban sus trompetas, y el sonido resonaba en el aire. Pero los muros de Jericó seguían en pie.

En el séptimo día, los israelitas se despertaron llenos de anticipación. Marcharon alrededor de la ciudad como Josué había instruido. Al completar la séptima vuelta, Josué levantó la mano y gritó: "¡Griten, porque el Señor nos ha dado la ciudad!"

Los israelitas soltaron un grito poderoso. Gritaron con todas sus fuerzas, y sucedió algo increíble. Los muros de Jericó comenzaron a temblar y desmoronarse. El polvo llenó el aire mientras los muros se derrumbaban, abriendo paso a los israelitas para entrar en la ciudad.

Con corazones llenos de alegría, los israelitas irrumpieron en Jericó. Celebraron su victoria y agradecieron a Dios por Su poderío. Sabían que había sido por su fe y confianza en Dios que los muros habían caído.

Josué y los israelitas aprendieron una lección importante ese día. Aprendieron que con fe y obediencia, todo es posible. Vieron de primera mano el poder del amor de Dios y cómo Él puede hacer posible lo imposible.

Niños, al cerrar los ojos y sumirse en el sueño, recuerden la historia de Josué y la Batalla de Jericó. Que los llene de esperanza y fe. Al igual que Josué y los israelitas, recuerden que con Dios a su lado, pueden conquistar cualquier desafío que se presente. Confíen en Su plan y tengan fe en Su amor, y verán suceder cosas asombrosas. Buenas noches, y que sus sueños estén llenos de valentía y aventura.

María y Marta: Equilibrio entre la Hospitalidad y la Devoción

En un pintoresco pueblo anidado entre colinas ondulantes, vivían dos hermanas llamadas María y Marta. María tenía ojos que brillaban con curiosidad y un corazón ansioso por aprender, mientras que Marta poseía una cálida sonrisa y un talento natural para cuidar de los demás. Ambas amaban profundamente a Jesús y atesoraban sus enseñanzas.

Un día, Jesús y sus discípulos visitaron la casa de María y Marta. La emoción llenó el aire mientras las hermanas se preparaban para sus invitados especiales. Marta, llena del deseo de servir, se afanaba en la cocina, preparando un banquete digno de un rey. Quería que todo fuera perfecto para Jesús y sus seguidores.

Mientras tanto, María se sentó a los pies de Jesús, escuchando atentamente cada palabra suya. Estaba cautivada por su sabiduría y llena de una profunda sensación de paz en su presencia. Su corazón estaba enfocado únicamente en aprender de su amado maestro.

A medida que continuaban los preparativos, Marta comenzó a sentirse abrumada por todo el trabajo. Se irritó al notar que María no estaba ayudando. En su frustración, Marta se acercó a Jesús y dijo: "Señor, ¿no te importa que mi hermana me haya dejado hacer todo el trabajo sola? Dile que me ayude."

Jesús miró a Marta con ojos llenos de amor y comprensión. Le respondió con dulzura: "Marta, Marta, estás preocupada y molesta por muchas cosas, pero pocas cosas son necesarias, de hecho, sólo una. María ha escogido la mejor parte, y no le será quitada."

El corazón de Marta se suavizó al darse cuenta de la verdad en las palabras de Jesús. Entendió que, aunque el servicio y la hospitalidad eran importantes, era igualmente crucial apartar tiempo para estar con Jesús, escuchar sus enseñanzas y acercarse a Él.

Desde ese día, María y Marta aprendieron a encontrar el equilibrio entre su amor por la hospitalidad y su devoción a Jesús. Descubrieron que el verdadero culto iba más allá de servir y abarcaba abrir sus corazones a Su presencia y crecer en su comprensión de sus enseñanzas.

Al reposar sus cabezas en sus almohadas, recuerden la historia de María y Marta. Que les recuerde la importancia de encontrar el equilibrio en sus vidas. Al igual que María, tomen tiempo para escuchar y aprender de Jesús y, como Marta, dejen que su amor por los demás brille a través de actos de bondad y hospitalidad. Que encuentren alegría en servir a los demás mientras mantienen sus corazones abiertos al amor y la sabiduría de nuestro Salvador. Buenas noches, y que sus sueños estén llenos de bendiciones.

José y la Túnica de Muchos Colores: Sueños y Perdón

En una tierra adornada con vibrantes tapices de colores y campos florecientes, vivía un joven llamado José. José tenía un corazón lleno de sueños y sus ojos brillaban con esperanza y asombro. Era el hijo favorito de su padre Jacob, quien le regaló una magnífica túnica de muchos colores.

Los sueños de José eran como ventanas a otro mundo. Una noche, soñó con gavillas de trigo que se inclinaban ante él. Emocionado, compartió su sueño con sus hermanos. Pero en lugar de celebrar sus sueños, ellos se pusieron celosos y conspiraron contra él.

Llenos de envidia, los hermanos de José decidieron quitarle la túnica y venderlo como esclavo a una caravana que pasaba. Le arrancaron la colorida prenda, dejando a José con ropas harapientas y un corazón lleno de tristeza.

José fue llevado lejos a una tierra extranjera llamada Egipto. Allí, se convirtió en sirviente en la casa de un hombre rico llamado Potifar. A pesar de las adversidades que enfrentó, José se aferró a sus sueños y permaneció fiel a Dios.

Un día, se contó una terrible mentira sobre José, y fue arrojado a la prisión. Pero incluso en el lugar más oscuro, la fe de José nunca vaciló. Usó su don dado por Dios para interpretar sueños y llevar esperanza a quienes lo rodeaban, incluyendo a dos compañeros de prisión.

Pasaron los años, y la reputación de José como intérprete de sueños llegó a los oídos del poderoso Faraón. Convocado al palacio, José escuchó mientras el Faraón relataba su enigmático sueño de vacas y grano. Guiado por la sabiduría de Dios, José reveló que el sueño era una advertencia de una hambruna venidera.

Impresionado por la sabiduría de José, el Faraón lo nombró como un alto funcionario. José recibió la tarea de preparar a Egipto para la inminente hambruna. Almacenó grano y provisiones, asegurando que el pueblo tendría suficiente para comer durante los tiempos difíciles que se avecinaban.

De vuelta en la tierra natal de José, la hambruna también azotó, afectando a su familia. Los hermanos de José, sin saber de su destino, viajaron a Egipto en busca de alimento. Cuando se presentaron ante José, no lo reconocieron. Abrumado por la emoción, José reveló su verdadera identidad y las lágrimas fluyeron mientras se abrazaban.

En lugar de buscar venganza, José eligió el perdón. Vio que sus hermanos habían cambiado, arrepentidos por sus acciones pasadas. Con un corazón lleno de compasión, José les perdonó y dio la bienvenida a su familia para vivir en Egipto, reuniéndose con su padre Jacob.

La historia de José nos enseña sobre el poder del perdón y el cumplimiento de los sueños. Nos recuerda que incluso en tiempos de adversidad, aferrarse a nuestra fe y permanecer fieles a nuestros valores pueden llevar a increíbles bendiciones.

Mientras te duermes, recuerda la historia de José. Que te inspire a aferrarte a tus sueños, incluso en tiempos desafiantes, y a abrazar el perdón y la compasión. Que tus sueños estén llenos de esperanza, y que despiertes con un corazón dispuesto a perdonar y abrazar el colorido tapiz de la vida. Buenas noches, y que tus sueños estén llenos de alegría.

Elijiah y los Cuervos: Una Lección sobre la Provisión Divina

Había una vez, en las tierras abrasadas por el sol de Israel, un hombre humilde y devoto llamado Elijiah. No era un hombre cualquiera; era un profeta, elegido por Dios para entregar mensajes al pueblo.

Un día, Dios habló a Elijiah, advirtiéndole sobre una severa sequía que asolaría la tierra. "Ve hacia el este", le instruyó Dios, "escóndete junto al arroyo Querit, al este del Jordán. Beberás del arroyo, y he ordenado a los cuervos que te alimenten allí".

Elijiah estaba sorprendido. ¿Cuervos? Estas criaturas de plumas negras eran carroñeras, conocidas más por su graznido y su amor por las cosas brillantes. Pero Elijiah confiaba en la palabra de Dios y partió hacia el este, hacia el arroyo.

Al llegar a su destino, encontró un lugar tranquilo junto al arroyo Querit. Al empezar a ponerse el sol, pintando el cielo de tonos rojos y naranjas, escuchó un sonido de graznido familiar.

Y entonces los vio. Dos cuervos negros y elegantes se lanzaron desde el cielo, cada uno llevando algo en su pico. A medida que se acercaban, vio que traían pan y carne. Aterrizaron suavemente cerca de él, ofreciendo su carga.

Con un corazón lleno de gratitud, Elijiah comió su inesperada comida, maravillándose de la creatividad de Dios al proveer para él. Y a medida que los días se convertían en semanas, los cuervos seguían visitando a Elijiah cada mañana y cada tarde, trayéndole comida cada vez.

Incluso cuando el arroyo comenzó a menguar debido a la sequía, la provisión divina a través de los cuervos nunca cesó. Esta experiencia extraordinaria enseñó a Elijiah una poderosa lección sobre los recursos y el cuidado de Dios, una lección que resonaría a través de generaciones.

Así que, mientras te sumerges en el sueño esta noche, recuerda la historia de Elijiah y los cuervos. Recuerda la confianza que Elijiah depositó en la sabiduría y el cuidado de Dios, a pesar de sus circunstancias desesperadas. Con fe como la suya, puedes estar seguro, sabiendo que la provisión de Dios siempre está al alcance. Dulces sueños, y que estén llenos con el aleteo de la providencia.

Débora: La Valiente Jueza y Guerrera

Érase una vez, en la época de los israelitas, una tierra donde las colinas onduladas se encontraban con cielos interminables, vivía una mujer excepcional llamada Débora. Era conocida en todas las tierras por su sabiduría y coraje. No solo era profetisa, recibiendo visiones divinas, sino también jueza, resolviendo disputas y ofreciendo sabios consejos a su pueblo.

En esta época, los israelitas vivían bajo el opresivo gobierno del rey Jabín de Canaán y su despiadado comandante del ejército, Sísara. Sísara comandaba un formidable ejército con 900 carros de hierro, sembrando el temor en los corazones de los israelitas. El pueblo estaba abatido, su espíritu bajo, y clamaban por ayuda.

Dios escuchó sus súplicas y, en una visión, le dio a Débora un plan para la liberación. Vio a los israelitas, liderados por un hombre valiente llamado Barac, enfrentándose al poderoso ejército de Sísara y saliendo victoriosos. Esta guía divina la llenó de una determinación resuelta.

Llamando a Barac, compartió el plan de Dios, "El Señor, el Dios de Israel, te manda: 'Ve, lleva contigo a diez mil hombres y guíalos al monte Tabor. Allí atraeré a Sísara, el comandante del ejército de Jabín, con sus carros y tropas hacia ti, y lo entregaré en tus manos'".

Barac, aunque valiente guerrero, vaciló ante la enormidad de la tarea. "Si tú vienes conmigo, iré", propuso, buscando el consuelo de la sabia presencia de Débora. "Pero si no vienes conmigo, no iré". Débora accedió a acompañarlo pero advirtió: "Por esta decisión, el honor de derrotar a Sísara no será tuyo. Dios entregará a Sísara en manos de una mujer".

Y así, con la presencia de Débora fortaleciendo su confianza, Barac y sus diez mil hombres marcharon contra las intimidantes fuerzas de Sísara. La tierra tembló mientras chocaban en el campo de batalla, el rugido del conflicto resonando en las colinas. A pesar de su miedo, los israelitas mantuvieron su fe, recordando la profecía de victoria de Débora.

La batalla fue feroz, y poco a poco, contra todo pronóstico, la marea comenzó a cambiar a favor de los israelitas. Pero Sísara, viendo que sus fuerzas disminuían, huyó del campo de batalla.

Fiel a la profecía de Débora, el fin de Sísara no llegó a manos de un hombre sino de una mujer. Buscó refugio en la tienda de una mujer llamada Jael, quien aprovechó la oportunidad para poner fin al reinado del tirano y se convirtió en la heroína inesperada de la historia.

La historia de Débora, llena de sabiduría, coraje y guía divina, sirve como faro a través de generaciones. Nos enseña que la fe puede producir victorias inesperadas y que, no importa cuán formidable sea la oposición, la liberación es posible.

Al acomodarte para dormir esta noche, recuerda a Débora, la profetisa, la jueza y la guerrera. Deja que su historia llene tus sueños, recordándote que con fe, valentía y sabiduría, puedes superar cualquier desafío que se interponga en tu camino. Buenas noches, y que tus sueños sean tan audaces y valientes como el espíritu de Débora.

La Conversión de Saulo: Una Historia de Transformación y Misericordia

Hace mucho tiempo, un hombre llamado Saulo caminaba por los polvorientos caminos de Damasco. Saulo no era un hombre cualquiera; era un fariseo, celoso en su fe y temido por muchos. Su reputación era conocida en toda la región, pues perseguía sin piedad a los seguidores de Jesús, el hombre que afirmaba ser el Mesías.

Un día, mientras Saulo viajaba a Damasco, una luz brillante del cielo de repente lo envolvió. Cayó al suelo y oyó una voz que le hablaba: "Saulo, Saulo, ¿por qué me persigues?"

Atónito y confundido, Saulo preguntó: "¿Quién eres, Señor?"

"Yo soy Jesús, a quien tú persigues", respondió la voz. "Levántate y entra en la ciudad, y se te dirá lo que debes hacer."

Cegado por la luz intensa, Saulo fue guiado por sus compañeros hacia Damasco. Durante tres días, estuvo sin vista, sin comer ni beber.

En la ciudad vivía un discípulo devoto llamado Ananías. Dios le habló en una visión: "Ve a la casa de Judas en la calle Recta y pregunta por un hombre de Tarso llamado Saulo, pues está orando. En una visión, ha visto a un hombre llamado Ananías venir y poner sus manos sobre él para restaurar su vista."

A pesar de su miedo por la reputación de Saulo, Ananías confió en el mandato de Dios. Fue a la casa y encontró a Saulo. Poniendo sus manos sobre Saulo, Ananías dijo: "Hermano Saulo, el Señor—Jesús, que te apareció en el camino mientras venías aquí—me ha enviado para que puedas ver de nuevo y seas lleno del Espíritu Santo."

Al instante, algo como escamas cayeron de los ojos de Saulo, y pudo ver de nuevo. Lleno del Espíritu Santo, Saulo fue bautizado y comenzó a predicar acerca de Jesús en las sinagogas, proclamando que Él es de hecho el Hijo de Dios. La gente estaba asombrada y preguntaba: "¿No es este el hombre que causó tanta devastación entre los seguidores de Jesús en Jerusalén?"

Saulo, ahora también conocido como Pablo, se convirtió en uno de los apóstoles más apasionados de Cristo. Su vida, un testimonio del poder de la misericordia divina y la transformación, nos recuerda que nadie está más allá del alcance de la gracia de Dios.

Mientras te acuestas esta noche, deja que la historia de la transformación de Saulo se infiltre en tus sueños. Recuerda, nunca es demasiado tarde para cambiar, y la luz del amor divino puede tocar y transformar incluso los corazones más endurecidos. Que tu sueño sea tranquilo y tus sueños estén llenos de la promesa de nuevos comienzos, al igual que Saulo encontró en el camino a Damasco.

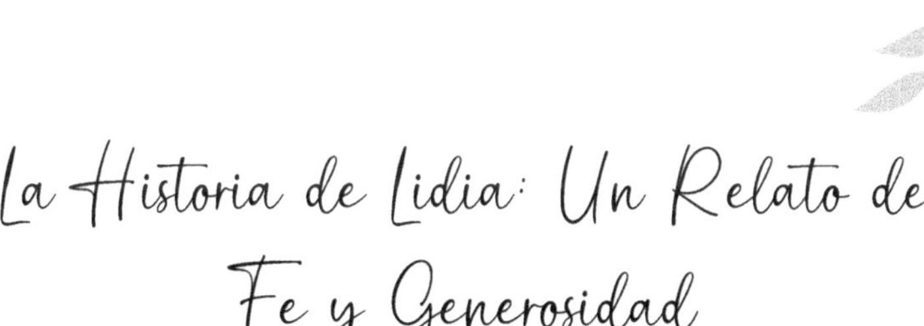

La Historia de Lidia: Un Relato de Fe y Generosidad

En la antigua ciudad de Filipos, situada en la costa oriental del mar Egeo, vivía una mujer llamada Lidia. Su historia comienza en los bulliciosos mercados de la ciudad, donde los vendedores llamaban a los transeúntes, sus voces mezclándose con el susurro de las hojas y el traqueteo de los carros.

Lidia no era una mujer común y corriente. Era una comerciante que negociaba con tela púrpura, un artículo de lujo muy apreciado entre los ricos y los nobles. El profundo y rico color se producía a partir de las secreciones de un pequeño caracol de mar, lo que lo convertía en un bien raro y valioso. La habilidad de Lidia en su oficio le había granjeado un negocio próspero y el respeto de muchos.

Sin embargo, Lidia era admirada por algo más que sus habilidades comerciales. Tenía fama por su espíritu generoso y un corazón amable y compasivo. Cuando caminaba por los mercados, la gente sonreía y saludaba, sus ojos se iluminaban en su presencia.

Un día, nuevos visitantes llegaron a Filipos. Eran un grupo de hombres liderados por el apóstol Pablo, que estaba en una misión para difundir las enseñanzas de Jesucristo. Como era su costumbre, buscaron una sinagoga para compartir su mensaje. Pero en Filipos, no encontraron ninguna. Sin desanimarse, se aventuraron fuera de las puertas de la ciudad hacia el río, donde escucharon que la gente se reunía para orar.

Al acercarse al río, encontraron a un grupo de mujeres que habían venido a orar. Lidia estaba entre ellas. Las mujeres escucharon atentamente mientras Pablo hablaba de Jesús, sus enseñanzas, su crucifixión y su resurrección. Lidia, con su corazón abierto, se sintió profundamente conmovida por sus palabras. Una sensación de paz la envolvió, un sentimiento tan refrescante como el agua fresca del río en un caluroso día de verano.

Cuando Pablo ofreció el bautismo a quienes creyeran en Jesucristo, Lidia no dudó. Ella y toda su casa fueron bautizados, símbolo de su nueva fe y dedicación a las enseñanzas de Jesús.

Lidia, conmovida por la amabilidad de Pablo y sus compañeros, les extendió una invitación. "Si me consideran creyente en el Señor", dijo, con una voz llena de cálida sinceridad, "vengan y quédense en mi casa". Ellos aceptaron su amable oferta, y la casa de Lidia se convirtió en un lugar de comunión y apoyo para los apóstoles durante su estancia en Filipos.

La historia de Lidia sirve como un brillante ejemplo de cómo la fe puede tocar y transformar la vida de una persona. Su generosidad no terminó en las puertas de su hogar; se extendió a su recién encontrada familia espiritual, apoyándolos en su misión divina.

Esta noche, al cerrar los ojos y adentrarte en el sueño, recuerda a Lidia. Era una comerciante exitosa, una amiga generosa, una creyente fiel. Que su historia te inspire a mantener un corazón abierto, listo para recibir la fe, y a extender una mano generosa a quienes te rodean. Que sueñes con vibrantes telas púrpuras y el calor de una fe compartida, y despiertes renovado, listo para enfrentar un nuevo día.

Elías y la Viuda: Una Historia de Confianza y Providencia Divina

Hace muchas eras, en la tierra de Israel, vivía un profeta llamado Elías. Era un hombre de fe inquebrantable que hablaba las palabras de Dios al pueblo y realizaba muchos milagros en nombre de Dios.

Durante un tiempo particularmente duro, hubo una gran sequía en toda la tierra. El cielo permanecía despejado, sin señales de lluvia, y los campos se secaban bajo el sol abrasador. En esos tiempos difíciles, Dios instruyó a Elías para que dejara Israel y viajara a Sarepta, una pequeña ciudad en la región de Sidón.

Elías, confiando en la guía de Dios, se dirigió a Sarepta. Al acercarse a las puertas de la ciudad, vio a una mujer recogiendo ramas. Dios le reveló que ella era una viuda y que debía pedirle comida y agua.

Pero este era un tiempo de gran escasez, y la viuda misma luchaba por proveer para ella y su hijo. Al escuchar la petición de Elías, compartió su difícil situación. "Tan cierto como vive el Señor tu Dios", dijo, "no tengo pan—solo un puñado de harina en un tarro y un poco de aceite de oliva en una jarra. Estoy recogiendo unas cuantas ramas para llevar a casa y hacer una comida para mí y mi hijo, para que podamos comerla —y morir."

Conmovido por su desesperación, Elías la aseguró que no temiera y le hizo una promesa. "No tengas miedo", dijo. "Ve a casa y haz como has dicho. Pero primero hazme un pequeño pan con lo que tienes y tráemelo, y luego haz algo para ti y tu hijo. Porque esto es lo que dice el Señor, el Dios de Israel: 'El tarro de harina no se agotará y la jarra de aceite no se secará hasta el día en que el Señor envíe lluvia sobre la tierra.'"

En un acto de fe profunda, la viuda hizo lo que Elías había pedido. Y conforme a las palabras de Elías, su tarro de harina y la jarra de aceite se mantuvieron milagrosamente repletos, proveyendo para ella, su hijo y Elías durante la duración de la sequía.

La historia de Elías y la viuda de Sarepta sirve como un poderoso recordatorio de la providencia de Dios y las bendiciones que pueden surgir de la confianza y la generosidad, incluso ante la escasez.

Al cerrar los ojos para descansar esta noche, guarda esta historia cerca de tu corazón. Deja que el relato de la fe de la viuda, la promesa de Elías y el tarro de harina y la jarra de aceite sin fin llenen tus sueños. Que te recuerde que incluso en los momentos más desafiantes, la providencia divina nunca está lejos. Buenas noches y que tus sueños sean tan abundantes como el tarro de harina de la viuda.

La Gran Pesca de Pedro: Un Relato de Fe y Llamado

En la fresca madrugada del mar de Galilea, un pescador llamado Simón, que más tarde sería conocido como Pedro, estaba lavando sus redes en la orilla. Su ropa estaba húmeda y su espíritu bajo. Toda la noche, él y sus compañeros habían estado en el agua, y sus redes permanecían obstinadamente vacías. Era uno de esos días difíciles en los que el mar se negaba a compartir su abundancia.

Mientras lavaba sus redes, una multitud se reunió en la orilla. Entre ellos estaba Jesús de Nazaret, el hombre cuyas palabras habían comenzado a mover corazones y mentes en toda la región. Jesús le pidió a Simón si podía usar su barca como plataforma para dirigirse a la multitud creciente. Simón aceptó, y Jesús habló desde la barca, Su voz llegaba sobre las aguas hasta la multitud ansiosa en la orilla.

Cuando terminó de hablar, Jesús se volvió hacia Simón y le dijo: "Rema mar adentro, y echa tus redes para pescar."

Simón se sorprendió. Habían estado pescando toda la noche sin suerte. Sin embargo, algo en la mirada de Jesús lo conmovió. A pesar de sus dudas, dijo: "Maestro, hemos trabajado duro toda la noche y no hemos pescado nada. Pero porque tú lo dices, echaré las redes."

Con un suspiro profundo, Simón dirigió la barca hacia aguas más profundas. Echó las redes, las cuerdas se deslizaban a través de sus dedos, y esperó. De repente, las redes comenzaron a tirar y agitarse. Simón y sus compañeros jalaron las redes de vuelta al barco, revelando una cantidad asombrosamente grande de peces, tantos que sus redes empezaron a romperse. Hicieron señas a sus compañeros en el otro barco para que vinieran y les ayudaran. Llenaron ambos barcos, tanto que comenzaron a hundirse.

Simón cayó de rodillas ante Jesús, asombrado y abrumado. Jesús lo consoló, diciendo: "No tengas miedo; de ahora en adelante serás pescador de hombres."

Desde ese día en adelante, Simón, ahora Pedro, dejó sus redes y siguió a Jesús, convirtiéndose en uno de sus discípulos más devotos. Su fe y dedicación se convertirían en una inspiración perdurable para muchas generaciones venideras.

Esta noche, mientras las sombras del día dan paso al suave resplandor de la luna, deja que la historia de la gran pesca de Pedro resuene en tus sueños. Recuerda la milagrosa carga de peces, las redes rompiéndose y los barcos a punto de hundirse. Pero sobre todo, recuerda la confianza de Simón en las palabras de Jesús y su llamado a un propósito superior. Que te inspire a abrazar la fe y la confianza en el viaje de tu vida. Duerme en paz, y que tus sueños sean tan abundantes como la pesca de Pedro.

Con un suspiro profundo, Simón dirigió la barca hacia aguas más profundas. Echó las redes, las cuerdas se deslizaban a través de sus dedos, y esperó. De repente, las redes comenzaron a tirar y agitarse. Simón y sus compañeros jalaron las redes de vuelta al barco, revelando una cantidad asombrosamente grande de peces, tantos que sus redes empezaron a romperse. Hicieron señas a sus compañeros en el otro barco para que vinieran y les ayudaran. Llenaron ambos barcos, tanto que comenzaron a hundirse.

Simón cayó de rodillas ante Jesús, asombrado y abrumado. Jesús lo consoló, diciendo: "No tengas miedo; de ahora en adelante serás pescador de hombres."

Desde ese día en adelante, Simón, ahora Pedro, dejó sus redes y siguió a Jesús, convirtiéndose en uno de sus discípulos más devotos. Su fe y dedicación se convertirían en una inspiración perdurable para muchas generaciones venideras.

Esta noche, mientras las sombras del día dan paso al suave resplandor de la luna, deja que la historia de la gran pesca de Pedro resuene en tus sueños. Recuerda la milagrosa carga de peces, las redes rompiéndose y los barcos a punto de hundirse. Pero sobre todo, recuerda la confianza de Simón en las palabras de Jesús y su llamado a un propósito superior. Que te inspire a abrazar la fe y la confianza en el viaje de tu vida. Duerme en paz, y que tus sueños sean tan abundantes como la pesca de Pedro.

Con un suspiro profundo, Simón dirigió la barca hacia aguas más profundas. Echó las redes, las cuerdas se deslizaban a través de sus dedos, y esperó. De repente, las redes comenzaron a tirar y agitarse. Simón y sus compañeros jalaron las redes de vuelta al barco, revelando una cantidad asombrosamente grande de peces, tantos que sus redes empezaron a romperse. Hicieron señas a sus compañeros en el otro barco para que vinieran y les ayudaran. Llenaron ambos barcos, tanto que comenzaron a hundirse.

Simón cayó de rodillas ante Jesús, asombrado y abrumado. Jesús lo consoló, diciendo: "No tengas miedo; de ahora en adelante serás pescador de hombres."

Desde ese día en adelante, Simón, ahora Pedro, dejó sus redes y siguió a Jesús, convirtiéndose en uno de sus discípulos más devotos. Su fe y dedicación se convertirían en una inspiración perdurable para muchas generaciones venideras.

Esta noche, mientras las sombras del día dan paso al suave resplandor de la luna, deja que la historia de la gran pesca de Pedro resuene en tus sueños. Recuerda la milagrosa carga de peces, las redes rompiéndose y los barcos a punto de hundirse. Pero sobre todo, recuerda la confianza de Simón en las palabras de Jesús y su llamado a un propósito superior. Que te inspire a abrazar la fe y la confianza en el viaje de tu vida. Duerme en paz, y que tus sueños sean tan abundantes como la pesca de Pedro.

La Historia de Zacchaeus: Un Cuento de Transformación y Perdón

En la antigua ciudad de Jericó, vivía un hombre llamado Zacchaeus. Zacchaeus era un recaudador de impuestos, un puesto que no era bien visto por la gente, ya que los recaudadores a menudo exigían más de lo requerido y se quedaban con el excedente para ellos mismos. A pesar de su riqueza, Zacchaeus se sentía solo, y su corazón anhelaba algo más que las riquezas que había acumulado.

Un día, un murmullo de emoción llenó el aire. Jesús de Nazaret venía a Jericó. Con la curiosidad al límite, Zacchaeus decidió ver a este hombre del que tanto había oído hablar. Sin embargo, como era un hombre bajo y la multitud era grande, no podía ver más allá de la throng de personas.

Decidido a no dejar pasar esta oportunidad, Zacchaeus corrió adelante de la multitud y subió a un árbol de sicómoro para tener una mejor vista. Cuando Jesús pasó, levantó la vista y, para sorpresa de Zacchaeus, le habló directamente. "Zacchaeus", le llamó, "baja enseguida. Debo quedarme en tu casa hoy."

Una oleada de alegría recorrió a Zacchaeus mientras bajaba rápidamente del árbol y recibía a Jesús con gusto. Sin embargo, la multitud murmuró desaprobadoramente, ya que no podían entender por qué Jesús escogería quedarse con un pecador como Zacchaeus.

En respuesta a su desaprobación, Zacchaeus se levantó y hizo un solemne voto. "Mira, Señor. Ahora doy la mitad de mis bienes a los pobres, y si he defraudado a alguien en algo, devolveré cuatro veces la cantidad."

Jesús sonrió a Zacchaeus, y su promesa señaló una transformación de corazón. "Hoy, la salvación ha llegado a esta casa", declaró Jesús. "Porque el Hijo del Hombre vino a buscar y a salvar lo que se había perdido."

La vida de Zacchaeus cambió para siempre ese día. Su riqueza ya no lo definía; en cambio, lo hacían su corazón transformado y sus acciones redimidas. Se le conoció como un hombre de generosidad y equidad, un testimonio del poder de la gracia y la posibilidad del cambio.

Al cerrar los ojos esta noche, deja que la historia de Zacchaeus resuene en tus sueños. Imagínalo encaramado en el árbol de sicómoro, con los ojos llenos de anticipación, y luego siente su alegría cuando Jesús llama su nombre. Que su historia te recuerde que la transformación es posible para todos, y que el perdón es un regalo que se debe recibir con alegría. Que duermas en paz, sabiendo que no importa cuán lejos uno se haya desviado, siempre se puede encontrar el camino de regreso. Buenas noches, y que tus sueños sean tan alegres como la transformación de Zacchaeus.

La Parábola del Siervo Despiadado: Una Lección de Perdón

En la antigua ciudad de Jerusalén, Jesús enseñaba a sus seguidores a través de parábolas, historias simples llenas de sabiduría profunda. Una de estas era la Parábola del Siervo Despiadado, un relato que resalta la importancia del perdón.

La historia comienza con un rey que deseaba saldar cuentas con sus siervos. Entre ellos había un siervo que le debía diez mil bolsas de oro, una deuda tan enorme que era imposible para el siervo devolverla.

Incapaz de saldar su deuda, el rey ordenó que el siervo, junto con su esposa, hijos y todo lo que tenía, fuera vendido para pagar la deuda. El siervo cayó de rodillas ante el rey, suplicando paciencia. "Ten paciencia conmigo", rogó, "y te devolveré todo."

Viendo la angustia del siervo, el rey se compadeció de él. Le perdonó la deuda, permitiéndole ir libre. El siervo salió de la presencia del rey, su corazón lleno de alivio y gratitud.

Sin embargo, este siervo se encontró con un compañero siervo que le debía cien monedas de plata, una cantidad mucho menor. Agarrándolo del cuello, exigió, "¡Devuélveme lo que me debes!"

A pesar de las súplicas del segundo siervo por paciencia, el primer siervo hizo que lo encarcelaran hasta que pudiera pagar su deuda.

Cuando los otros siervos vieron lo que había sucedido, se angustiaron mucho. Fueron y contaron todo al rey. El rey llamó al primer siervo y le dijo: "¡Siervo malvado! Cancelé toda tu deuda porque me suplicaste. ¿No deberías haber tenido misericordia de tu compañero siervo, así como yo la tuve contigo?" En su enojo, el rey entregó al siervo a los carceleros hasta que pudiera pagar todo lo que debía.

Esta parábola, compartida por Jesús, sirve como un severo recordatorio de la importancia del perdón. Si se nos ha mostrado misericordia, debemos extenderla a otros, no aferrarnos a rencores o exigir retribución.

Esta noche, mientras te adentras en el sueño, deja que la Parábola del Siervo Despiadado sea una canción de cuna para tu alma. Visualiza las escenas, el siervo suplicante, el rey perdonador y el compañero siervo no perdonado. Que te recuerde ser misericordioso y perdonador, como has recibido misericordia y perdón. Duerme profundamente, y que tus sueños estén llenos de lecciones de bondad y compasión. Buenas noches, y que tu descanso sea tan pacífico como un corazón perdonador.

La historia de Samson: El Poder de una Promesa

En tiempos remotos, en las tierras vibrantes del antiguo Israel, vivía un hombre de fuerza notable llamado Samson. Su historia comienza incluso antes de que naciera, en la vida tranquila de una pareja que vivía en el pueblo de Zora.

Esta pareja había sido incapaz de tener hijos, pero sus vidas tomaron un giro cuando un ángel del Señor se les apareció. El ángel trajo un mensaje de esperanza, diciéndoles que tendrían un hijo. Pero este no sería un niño ordinario. Este hijo iba a ser un Nazareo, apartado para Dios, y estaba destinado a liberar a Israel de sus enemigos, los filisteos.

Como parte de su voto de Nazareo, había ciertas reglas que debía seguir. Debía abstenerse de beber vino, evitar el contacto con los muertos y, lo más importante, nunca cortar su cabello. Era en este cabello sin cortar donde residía su fuerza extraordinaria, un símbolo de su compromiso con Dios.

Samson creció y se convirtió en un hombre de fuerza extraordinaria. Había cuentos de él desgarrando a un león con sus propias manos y matando a un ejército entero solo con la quijada de un burro. Sus hazañas de fuerza eran legendarias, y los filisteos le temían.

Sin embargo, Samson tenía una debilidad: su amor por una mujer filistea llamada Dalila. Los gobernantes filisteos, ansiosos por vencer a Samson, coaccionaron a Dalila para descubrir el secreto de su fuerza. Después de mucha persuasión, Samson finalmente reveló su secreto a Dalila: su cabello sin cortar, el símbolo de su voto a Dios, era la fuente de su poder.

Mientras dormía, Dalila le cortó el cabello. Samson despertó, pensando que podía defenderse de cualquier enemigo como antes, pero su fuerza lo había abandonado. Fue capturado por los filisteos, quienes lo cegaron y lo hicieron moler grano en prisión. Pero pasaron por alto una cosa: el cabello vuelve a crecer. A medida que el cabello de Samson crecía, también lo hacía su fuerza.

En el acto final de su vida, durante un gran espectáculo donde fue llevado para entretener a los gobernantes filisteos, Samson oró a Dios por fuerza una última vez. Se posicionó entre las dos columnas principales del templo. Con un empuje poderoso, derribó las columnas, causando que el templo se derrumbara, matándose a sí mismo y a sus captores.

La historia de Samson es un relato de fuerza poderosa, pero también de poder de las promesas. Su fuerza fue un regalo atado a su voto a Dios, mostrándonos la importancia de nuestros compromisos. Mientras descansas tu cabeza y emprendes el viaje al mundo de los sueños esta noche, reflexiona sobre el poder de mantener las promesas. Que tu sueño sea tan pacífico como una promesa cumplida y tus sueños estén llenos de la fuerza de la integridad.

La Torre de Babel: Una Lección de Orgullo y Humildad

En las extensas llanuras de Sinar, anidadas entre los ríos de la antigua Mesopotamia, una vez prosperó una civilización de hombres que hablaban el mismo idioma. Allí, en la cuna de la civilización, se propusieron hacerse un nombre que resonara a través de los tiempos.

Concibieron un plan ambicioso. Juntos, construirían una gran torre que llegara a los cielos, un testimonio de su ingenio colectivo y poder. Utilizando ladrillos en lugar de piedra y brea como argamasa, se pusieron a trabajar, sus corazones hinchados de orgullo.

Los días se convirtieron en semanas, las semanas en meses, a medida que la torre crecía. Su imponente silueta se destacaba contra el cielo, cada vez más alta, un símbolo tangible de la ambición y la arrogancia humana. Los constructores soñaban con alcanzar los cielos, desafiando los límites establecidos por Dios mismo.

Sin embargo, Dios, en su sabiduría, vio lo que la gente estaba haciendo. Sabía que su orgullo los había llevado por mal camino, su ambición desligada de la humildad. Como respuesta, confundió su lenguaje, haciendo que hablaran diferentes idiomas. De repente, los constructores unificados ya no podían entenderse entre sí. La comunicación, que era la base de su monumental proyecto, se desmoronó, y con ella, su torre.

Incapaces de cooperar, la gente se dispersó por toda la faz de la tierra, dejando atrás la Torre de Babel inacabada - un testimonio de los peligros del orgullo desenfrenado. El pueblo que alguna vez estuvo unido ahora se encontraba en diferentes tierras, hablando diferentes idiomas, un recordatorio humillante de sus limitaciones mortales.

La historia de la Torre de Babel nos enseña una valiosa lección sobre el orgullo y la humildad. Aunque la ambición es un poderoso impulso, debe estar equilibrada con humildad, reconociendo nuestras limitaciones humanas y respetando los límites divinos.

Al cerrar los ojos y prepararte para un viaje al reino de los sueños, recuerda la Torre de Babel. Imagina la estructura imponente, la confusión de idiomas y la dispersión del pueblo. Considera el valor de la humildad, incluso en nuestros planes más grandiosos. Que estas lecciones te acompañen en tus sueños y puedas despertar con un renovado sentido de equilibrio y respeto por el mundo. Duerme en paz y despierta refrescado, listo para construir tus sueños sobre el sólido fundamento de la humildad y el respeto.

El Mensaje del Asno: El Sorprendente Maestro de Balaam

En la tierra de Pethor vivía un hombre llamado Balaam, conocido en muchas partes como un profeta que podía bendecir y maldecir mediante el poder de sus palabras. Un día, el rey Moabita Balac envió mensajeros a Balaam con la solicitud de maldecir a los israelitas, que se acercaban a su territorio.

Dios se le apareció a Balaam y le dijo que no maldijera a los israelitas porque estaban bendecidos. Balaam obedeció y mandó de vuelta a los mensajeros al rey Balac. Sin embargo, cuando el rey envió enviados más prestigiosos con promesas de grandes recompensas, Balaam se sintió tentado y partió hacia Moab, aunque Dios le había dicho que no fuera.

Balaam ensilló a su fiel burra y comenzó su viaje. Mientras viajaban, un ángel del Señor, con la espada en mano, se plantó en su camino, visible solo para la burra. Asustada, la burra se desvió, provocando que Balaam la golpeara por apartarse del camino. Esto sucedió dos veces más, con la burra viendo al ángel y Balaam golpeándola por su supuesta desobediencia.

En la tercera ocasión, en un giro increíble de los acontecimientos, la burra habló con Balaam. "¿Qué te he hecho", preguntó, "para que me hayas golpeado estas tres veces?" Balaam, sorprendentemente impasible ante la burra parlante, respondió que le había hecho quedar como un tonto, y que si tuviera una espada, la mataría.

En ese momento, Dios abrió los ojos de Balaam, y vio al ángel del Señor parado en el camino, con la espada desenvainada. El ángel informó a Balaam de que si la burra no se hubiera desviado, Balaam habría sido asesinado. Balaam reconoció su error y confesó su pecado, ofreciéndose a volver a casa. Pero el ángel le dijo que continuara, instruyéndolo a hablar solo las palabras que Dios le daría.

La historia de Balaam y su burra nos enseña que la sabiduría puede venir de los lugares más inesperados. Balaam, un profeta, aprendió una lección importante de su burra sobre la obediencia a Dios y los peligros de la codicia y el orgullo.

Mientras te acomodas en tu cama, deja que tus pensamientos se deriven a las antiguas tierras y a la sorprendente historia de una burra que vio un ángel y habló palabras de sabiduría. Que esto sea un recordatorio de que la sabiduría puede venir de lugares inesperados, y la importancia de la humildad y la obediencia. Mientras emprendes el viaje al mundo de los sueños, que estas lecciones te guíen. Duerme pacíficamente y que tus sueños estén llenos de sabiduría y descubrimiento.